SENTIMIENTOS IMPORTANTES

SENTIRSE
ENOJADO

por Mary Lindeen

NORWOOD HOUSE PRESS

ESTIMADO (A) CUIDADOR (A),

Los libros de la serie Comenzando a Leer - Grandes Sentimientos apoyan el aprendizaje social y emocional (ASE) de los niños. Se ha demostrado que el ASE promueve no sólo el desarrollo de la autoconciencia, la responsabilidad y las relaciones positivas, sino también el rendimiento académico.

Investigaciones recientes revelan que la parte del cerebro que gestiona las emociones está directamente conectada con la parte del cerebro que se utiliza en tareas cognitivas como la resolución de problemas, lógica, razonamiento y pensamiento crítico, todo lo cual es fundamental para el aprendizaje.

El ASE también está directamente vinculado con lo que se conoce como Habilidades del Siglo XXI: colaboración, comunicación, creatividad y pensamiento crítico. Los libros incluidos en esta serie de ASE ofrecen un acercamiento temprano para ayudar a los niños a desarrollar las competencias que necesitan para tener éxito en la escuela y en la vida.

En cada uno de estos libros, los niños más pequeños aprenderán a reconocer, nombrar y manejar sus sentimientos, al tiempo que aprenden que todo el mundo comparte las mismas emociones. Esto les ayuda a desarrollar competencias sociales que les beneficiarán en sus relaciones con los demás, lo que a su vez contribuye a su éxito en la escuela. Además, los niños también practican habilidades lectoras tempranas mientras leen palabras de uso frecuente y vocabulario relacionado con el contenido.

Los materiales de la parte posterior de cada libro le ayudarán a determinar el grado de comprensión de los conceptos por parte de su hijo, le proporcionarán diferentes ideas para que practique la fluidez y le sugerirán libros y páginas de internet con lecturas adicionales.

Lo más importante de la experiencia de lectura con estos libros, y con todos los demás, es que su hijo se divierta y disfrute leyendo y aprendiendo.

Atentamente,

Mary Lindeen

Mary Lindeen, autora

Norwood House Press

For more information about Norwood House Press please visit our website at www.norwoodhousepress.com or call 866-565-2900.
© 2022 Norwood House Press. Beginning-to-Read™ is a trademark of Norwood House Press.
All rights reserved. No part of this book may be reproduced or utilized in any form or
by any means without written permission from the publisher.

Editor: Judy Kentor Schmauss   **Designer**: Sara Radka   **Consultant**: Eida Del Risco

Photo Credits: Getty Images: AzmanL, 29, Flashpop, 26, JGI/Jamie Grill, 3, 14, kdshutterman, 18, leungchopan, 4, Matt Carr, 5, mrs, 6, Noel Hendrickson, 21, PeopleImages, 5, Soren Hald, 22, Stockbyte, 10, Sue Barr, 17, Tom Werner, 25, Westend61, 4, Yasser Chalid, 5, zdravinjo, cover, 1; Shutterstock: all_about_people, 13, PR Image Factory, 9

Library of Congress Cataloging-in-Publication Data
Names: Lindeen, Mary, author.
Title: Sentirse enojado / por Mary Lindeen.
Other titles: Feeling angry. Spanish
Description: Chicago : Norwood House Press, [2022] | Series: A beginning-to-read book | Audience: Grades K-1 | Summary: "What does it mean to feel angry? Readers will learn how to recognize and manage that feeling in themselves, and how to respond to others who feel that way. An early social and emotional book with Spanish-only text, including a word list"-- Provided by publisher.
Identifiers: LCCN 2021049939 (print) | LCCN 2021049940 (ebook) | ISBN 9781684508006 (hardcover) | ISBN 9781684047109 (paperback) | ISBN 9781684047185 (epub)
Subjects: LCSH: Anger in children--Juvenile literature. | Anger--Juvenile literature.
Classification: LCC BF723.A4 L5618 2022 (print) | LCC BF723.A4 (ebook) | DDC 155.4/1247--dc23/eng/20211124
LC record available at https://lccn.loc.gov/2021049939
LC ebook record available at https://lccn.loc.gov/2021049940

Library ISBN: 978-1-68450-800-6   Paperback ISBN: 978-1-68404-710-9

347N—012022
Manufactured in the United States of America in North Mankato, Minnesota.

Cuando estás enojado,
no te sientes bien.

Pero todo el mundo se siente enojado alguna vez.

Puedes sentirte enojado cuando algo se rompe.

Puedes sentirte
enojado cuando
no puedes hacer
lo que quieres.

Puedes sentirte enojado cuando alguien toma algo que tú querías.

Cuando te sientes enojado, es posible que respires más rápido.

O que tu cara se ponga caliente.

Hasta podrías llorar o patalear.

Está bien demostrar cómo te sientes.

Puede ayudarte a que te sientas mejor.

Pero a veces, las personas golpean o rompen cosas cuando se sienten enojadas.

O muerden o patean.

Eso no está bien.

No es bueno lastimar a otras personas cuando te sientes enojado.

Tienes que encontrar una forma segura de expresar tus sentimientos.

Te sentirás mejor, y nadie saldrá lastimado.

Puedes respirar profundo o tomar un poco de agua.

Puedes salir a caminar.

Puedes escuchar música.

Puedes hacer un dibujo que muestre cómo te sientes.

O puedes hablar
con alguien en
quien confíes.

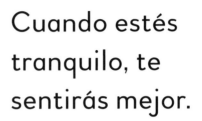

Cuando estés tranquilo, te sentirás mejor.

Y entonces, quizá podrás solucionar el problema por el que empezó todo.

¡Eso ayudará
a que todos se
sientan mejor!

Lista de palabras

a
agua
algo
alguien
alguna
ayudará
ayudarte
bien
bueno
caliente
caminar
cara
cómo
con
confíes
cosas
cuando
de
demostrar
dibujo
el
empezó
en
encontrar
enojadas
enojado
entonces

es
escuchar
eso
está
estás
estés
expresar
forma
golpean
hablar
hacer
hasta
las
lastimado
lastimar
llorar
lo
más
mejor
muerden
muestre
mundo
música
nadie
no
o
otras

patalear
patean
pero
personas
poco
podrás
podrías
ponga
por
posible
problema
profundo
puede
puedes
que
querías
quien
quieres
quizá
rápido
respirar
respires
rompe
rompen
saldrá
salir
se

segura
sentimientos
sentirás
sentirte
sientan
sientas
siente
sienten
sientes
solucionar
te
tienes
todo
todos
toma
tomar
tranquilo
tu
tú
tus
un
una
veces
vez
y

Sobre la autora

Mary Lindeen es escritora, editora, madre y, anteriormente, profesora de primaria. Ha escrito más de 100 libros para niños y ha editado muchos más. Se especializa en la alfabetización temprana y en libros para jóvenes lectores, especialmente de no ficción.